# Mi Granja

INÉS MARÍA GUZMÁN

Ilustraciones: Mari Pepa Rengel

Editorial Anáfora

Primera edición: octubre 2025

ISBN: 979-13-990787-8-7
Depósito Legal: MA 1416-2025

Diseño y maquetación: Editorial Anáfora
Ilustraciones: Mari Pepa Rengel

Edita: Editorial Anáfora
www.anafora.es
info@anafora.es

# Las autoras

Cultiva la poesía desde niña, pasión que nunca abandonó mientras impartía clases de Educación Física, Danza y Teatro en institutos y en la ONCE, donde también actuó y dirigió algunas obras.

Prefiere que la llamen poeta y no poetisa, porque así lo oyó siempre en casa. Hoy escribe, lee, participa en actos culturales, también comparte sus poemas y fomenta siempre la lectura y la escritura.

**Inés María Guzmán**

Nació en Fuente de Piedra (Málaga). Desde pequeña le gustó dibujar y nunca ha dejado de hacerlo.

Se dedicó a la enseñanza, que era su verdadera vocación. Sin embargo, pudo disfrutar durante tres años, impartiendo clases en la E.S.O. de Plástica y Dibujo. Además, ha continuado formándose en el campo de las Artes con cursos monográficos que la han seguido enriqueciendo como artista.

**Mari Pepa Rengel Díaz**

Este librito de poemas, *Mi Granja*, lo ha escrito Inés María Guzmán para vosotros, niños y niñas que ya sabéis leer, y al que han llamado *Cuentiversos*, porque es como un cuento en verso. No le ha puesto nombre a la niña protagonista porque se puede llamar como queráis, tal vez como alguna amiguita, o vosotras mismas. Y lo mismo ocurre con su mamá la granjera, o su papá, que no se le ve porque está muy atareado.

Veréis que se puede alternar el juego con ayudar a las tareas de la casa, y asistir al colegio.

Una granja tiene mucho trabajo, pero da la oportunidad de conocer de cerca a los animales, y a comer frutos de la propia tierra, y cocinarlos una misma.

A Inés, esta editorial, Anáfora, le ha dado la oportunidad de contactar con vosotros a través de esta pequeña obra, y que aprendáis a saber un poquito de Poesía, y a ser posible recitar estos versos y aprenderlos de memoria, para no olvidar tampoco que hay que ayudar en casa, que hay algo más que grandes edificios, que se puede comer lo que uno mismo planta y da la tierra, y sobre todo, a cuidar, respetar y amar a los animales teniendo la suerte de tenerlos tan de cerca.

Inés María Guzmán.

# Los granjeros

El granjero es mi papá,
la granjera es mi mamá,
cuidan de los animales,
de la granja toda entera,
porque es mucho lo que valen.
La casa flamante está,
trabajan duro en la era.

Y lo hacen con esmero.
Le dan de beber al cerdo,
a las vacas y al ternero.

Se levantan muy temprano
y limpian su gallinero,
yo con gusto les ayudo,
y lo hago siempre primero
de tomar el desayuno,
que es muy sano.
¡Qué los quiero !!

También recojen a mano
huevos de sus gallinitas
y les dan comida en grano,
siempre gritan :
pitaaa, pita, pita piiitaaa.

# La gallina ponedora

La gallina pone huevos
los pone en el ponedero,
su canto será el primero.
Del huevo sale un pollito
que será muy pequeñito.
El pollito crecerá
y se hará gallo o gallina.

Si es gallina
pondrá huevos, parlanchina,
y cantará todo el día cac cac cac.

Si es gallo, él dirá: ya estoy aquí,
su canto, quiquiriquii.

Quiere mandar por entero,
si no obedecen se enoja.
Se cree el rey del gallinero
por su cresta tiesa y roja,
que corona se le antoja.

Y en la mañana temprano
con su canto tempranero
que es un canto soberano
a todos despertará.

La gallina con sus huevos cac cac caaaac
y el gallo quiquiriquiiii.

¡¡Qué jaleo hay aquíííí...!!

# Aprendo a guisar

Guiso frutos de mi huerto
habichuelas, col, pimientos,
berenjenas, y patatas.,
a mi madre doy la lata
por guisar,
y no lo hago tan mal.

Cocino pimientos fritos
al almuerzo, nada mas,
(y faena que me quito)
con tomate y con cebolla,
no se hacen en la olla
si se hacen en sartén,
se fríen en un santiamén.

Dicen que se llama pisto,
ya está listo.
Puedes añadirle un huevo...

¡Hoy me inventaré algo nuevo!

# Los pollitos

Los pollitos de mi granja son chiquillos,
son de color color amarillo.

Son pequeños y traviesos
y solo saben jugar, como críos,
pero tienen mucho frío,
y por eso se les pone todo eso,
que verás:

Una bombillita ponen mis papás
cuando nacen, me dan pena.
que calienta y que no quema.

Y después juegan contentos
todo el tiempo,
sin parar,
y se van volviendo blancos
y mayores, y ya tienen menos frío
pero dicen pío, pío
todo el rato.

Yo los cuido, y los resguardo del gato.

# La lluvia

Cae la lluvia sobre mi granja
cae la lluvia, por hoy no escampa.

Cae la lluvia sobre las plantas,
es su alimento, eso las sacia.

La lluvia limpia, la lluvia es agua.
Agua fresquita que a nadie espanta.

Agua en las nubes que la derrama
sobre los campos, sobre las casas.

Ven, ven, agüita, la lluvia canta,
la lluvia ríe, y a todos baña.

# El águila

Águila que amenazas
comerte a mis pollitos,
vuela alto, no te acerques
ni un poquito.

Eres muy grande y hermosa
de enormes alas preciosas,
pero no vueles tan bajo
que asustas al personal.

Vete y ya no vengas más.

# El cerdito

El cerdito no es guarrillo,
es limpito, mira tú...

Yo le pongo en un barreño
su alimento,
y lo come sin aliento,
mira tú.

Marranillo un poco es
solo se lava  los pies.

Pero se lo come todo
de una vez,
y se va poniendo gordo,
y oído sordo
a su esbeltez.

# El zorro

Y apareció de repente
y se escondió de la gente
un fiero zorro grandote,
que se cree muy machote.

Es muy listo,
todo lo tiene previsto.

Tiene un pelo muy bonito,
un pelo que lo protege y no se moja
de los fríos y las lluvias.

Y la cola que le mola,
es marrón y un poco rubia.

Se enamora de lo ajeno,
y por eso no lo quiero.

Es un ladronzuelo experto,
y que tiene mucho morro
y por eso no queremos a este zorro,

que es muy zorro.

# Las vaquitas

Las vaquitas, qué bonitas.
Blanca y negra, negra y blanca
sus manchitas.

Dan la leche
que ordeñamos cada día,
me enseñaron a cuidarlas
¡qué alegría...!

Cuando ordeño a mis vaquitas
sale blanca y espumosa
y muy sabrosa.

Mi mamá hierve la leche cuidadosa
y calentita está rica.

Dicen que tiene alimento,
ya te cuento.

El calcio para los huesos,
y así crezco,
nos hace fuertes, de hierro.

Los terneritos traviesos
también toman, como un juego,
son tan tiernos...

Y se toma de un tirón.
¡Leche pura un mogollón!

# Los frutos de mi granja

Cojo frutos de mi granja,
coles, pimientos, naranjas,
berenjenas que me encantan.

Qué ricas están las uvas y manzanas
que me tomo en la mañana.

Y dulces de calabazas,
pero no las de las notas
que esas no  me gustan nada,
mejor una adivinanza:

Es mejor llenar la panza
como el señor Sancho... Pan...

Ah, también tengo bananas,
les doy a Pedro y su hermana,
y hago zumos, me los bebo,
hasta con eso me atrevo.

Y nunca tengo desganas.

# Mi perrito

Tengo un perrito en mi granja,
cuando alguien viene él nos ladra,
avisa de cuanto ocurre,
juega con las gallinitas,
y él nos ladra, y no nos grita,
porque es su forma de hablar.

Y le ofrezco su regalo mañanero
con paseos por senderos,
bajo el cielo
y le digo que lo quiero.

Se llama Chocolatero,
su color marrón entero,
se parece al chocolate,
el que como en la merienda.

Yo le enseño
porque quiero que él aprenda
a quién tiene que ladrar.

Es muy guapo, y es un prenda.

# Mi colegio

También yo voy al colegio
por las mañanas, temprano.

Me voy en un autobús
cuando me lavo las manos,
y me llevo un bocadillo,
los lápices de colores
y un membrillo.

Mi uniforme bien limpito,
y mi cartera bien llena.

Suena el pito,
y bien  me lleva
atravesando los campos
y veredas.

En la clase mis amigos
y la "seño" que es muy buena.

Y el bocadillo me zampo
cuando la campana suena.

# Mamá, yo quiero un burrito

Dicen que existió un burrito
que se llamaba Platero,
era pequeño y peludo
y vivía placentero.

Yo quiero, mamá, un burrito,
dulce como un caramelo,
con su pelo muy  suave,
igual que tuvo Platero,
plateado y bajo el sol
brille como los luceros.

El poeta Juan Ramón
lo quiso como yo quiero,
como yo quiero quererle,
todo entero.

Mamá, tráeme un burrito,
dulce, tierno, y pequeñito,
aunque sea de peluche,
le daré todas mis chuches...
será siempre lo primero.

Yo también, como el poeta,
voy a llamarlo Platero.

# Mis patitos

Por el agua del lago
nadan los patos...

¡Qué bien saben nadar!
¿quiénes le enseñarán?
Seguro papá pato
y mamá pata,
para no meter la pata.

Van unos detrás del otro,
todos saben su lugar.

En fila como soldados
van los patos,
pero no tienen zapatos,
ni uniforme camuflado,
solo plumas y patitas,
van en filas derechitas.

Un dos, un dos...
sin las flautas ni tambor.
Un dos tres, un dos tres,
grandes picos, grandes pies.

Dos tres uno,
que no se pierda ninguno,
no seas tuno.

Mis patitos nunca pierden el compás,
venga, al agua, y a nadar.

# ÍNDICE

Este libro se terminó de imprimir en octubre de 2025, en la ciudad de Málaga